AF372684

INSTITUTION NOTRE-DAME DES MINIMES

PHILIBERT DETTARD

FONDATEUR DES MINIMES

1768 — 31 Janvier 1844

DISCOURS

PRONONCÉ A LA DISTRIBUTION DES PRIX

LE 24 JUILLET 1889

Par M. l'Abbé GENIN

Supérieur de l'Institution.

LYON

LIBRAIRIE ET IMPRIMERIE VITTE ET PERRUSSEL

3, PLACE BELLECOUR, ET RUE CONDÉ, 30

—

1889

PHILIBERT DETTARD

FONDATEUR DES MINIMES

1768 — 31 Janvier 1844

DISCOURS

PRONONCÉ A LA DISTRIBUTION DES PRIX

LE 24 JUILLET 1889

Par M. l'Abbé GENIN

Supérieur de l'Institution.

LYON

LIBRAIRIE ET IMPRIMERIE VITTE ET PERRUSSEL

3, PLACE BELLECOUR, ET RUE CONDÉ, 30

1889

PHILIBERT DETTARD

Fondateur de l'Institution des Minimes

1768 — 31 janvier 1844

Monsieur le Vicaire général (1),

Le 31 janvier 1844 mourait de la mort des saints, Philibert Dettard, fondateur de l'Institution de Notre-Dame des Minimes. Une lente et pénible agonie, qui durait depuis le mois de mai de l'année précédente, avait habitué à la triste pensée de perdre un père vénéré. Et cependant la douleur fut immense lorsque les enfants, qu'il aimait « *à tort et à travers* », se virent orphelins. Aux prières ardentes de tous, aux sacrifices pénibles que les plus légers et les plus indociles s'imposèrent pour conjurer ce malheur, succédèrent les larmes et le deuil. Les fêtes scolaires n'eurent plus de charme, et la grande réunion de famille dont il était *le cœur* ne fut, le premier lundi d'août, qu'une nouvelle explosion de regrets affectueux. Il vous en souvient, vous, A. Mollière, son disciple, son ami, qui exprimiez alors, et avec plus d'éloquence que jamais, ce que vous avez fait si souvent, votre amour filial. Il

---

(1) M. le chanoine Belmont, vicaire général de Lyon.

vous souvient de ce jour où tous, à l'envi, évoquaient le passé. La foi, disiez-vous,

La foi ! c'est en ces lieux qu'elle nous fut donnée !
Eh ! quel homme, ô mon Dieu ! nous a transmis ce don ?
Cœur aimant, âme noble, humblement enchaînée
A l'obscur dévoûment de cette mission.
Entre ses bras de père il berça notre enfance :
Au doux nom de son Dieu, sa voix, séchant nos pleurs,
Du vrai, du beau, du bien, de la pure science
    Déposa les germes en nos cœurs.

. . . .

Père, tous tes enfants ont fait alors entendre
Le solennel sanglot de leur cœur oppressé ;
Car au cercueil chacun, en toi, voyait descendre
    L'ange gardien de son passé !

Ainsi vous commenciez cet éloge annuel qu'entendent étonnés nos jeunes élèves et qu'admirent leurs maîtres. Cent fois, et plus, il a été renouvelé. Il y a peu de jours un des poètes minimois les plus distingués redisait, en termes divers, d'une voix toujours jeune et vibrante, le même chant que la reconnaissance lui inspirait, au milieu de ses condisciples, en l'année 1839 (1). Il sait que je parle de ce père chéri, et, dans cet instant, uni de cœur à l'auditoire qui m'écoute, il applaudit (j'en ai l'assurance écrite), au portrait que je tente, d'un éducateur et d'un prêtre, sur les traces duquel, je serai heureux de marcher toujours.

C'est en 1768 que naquit à Lagnieu (Ain) le fondateur futur de la maison des Minimes. Le milieu pai-

(1) M. Ernest Lacombe.

sible de ses premières années forme un contraste étrange avec le reste de sa vie. Elevé par le curé de la paroisse, tonsuré à douze ans, il entre au collège de Belley pour achever ses classes de lettres, puis au séminaire Saint-Irénée de Lyon pour étudier la philosophie. C'est alors que la Révolution commence son œuvre. Les professeurs exilés, les élèves dispersés, Philibert Dettard inaugure une existence errante qui ne se fixera plus, désormais, qu'ici, dans cette enceinte où j'évoque sa mémoire. Tour à tour, soldat de Précy au siège de Lyon, ouvrier horloger en Suisse, à Fribourg et à Constance, fourrier dans l'armée de Condé, il sera fidèle à lui-même. Il sera l'homme abandonné à la Providence, il sera l'apôtre, le convertisseur, il sera le patriote ardent qui salue et défend l'âme de la France dans le drapeau qu'il sert.

Tout à coup, au mois de décembre 1796, l'adoucissement des lois portées contre les prêtres réfractaires (1), inspire aux émigrés des bords du Rhin une confiance que ne justifie pas longtemps le nouveau gouvernement de la France. Le Directoire, en effet, envoyait, deux mois après (14 février 1797), au Conseil des Cinq-Cents, un message furieux contre ces mêmes prêtres qu'il avait rappelés. Ainsi préparait-il la fameuse loi de fructidor qui devait condamner, à la déportation en Guyane ou à la mort, un si grand nombre de victimes. Philibert Dettard, à la nouvelle du décret du 14 fructidor, accepte l'espérance de jours meilleurs, et, muni d'un passeport que lui adresse l'administration diocésaine, il revient à Lyon. Au milieu des péripéties nombreuses d'un

(1) Le décret du 14 frimaire de l'an **V** (4 décembre 1796), abrogeait la loi du 3 brumaire, de l'article 7 à l'article 16.

voyage aussi difficile, sa charité lui permet, en s'exposant lui-même, de sauver un émigré par l'offre spontanée de son passeport. Il apprit bientôt quel péril il courait en se dévouant. Arrêté à Besançon, il ne dut son salut qu'à une présence d'esprit admirable, au tact de ses réponses et à une protection évidente de la Providence. A peine délivré de ce danger, sauvegardé par le visa que la municipalité accorde à ses papiers, il vole à Lyon s'exposer à mille morts. La persécution religieuse avait déjà repris toute sa violence, depuis la loi du 19 fructidor an V (1); elle offrit à cette âme courageuse, à ce noble caractère des occasions nombreuses, et toujours accueillies, de se dévouer à la cause de la foi.

Dès qu'il est installé chez son frère, humble commerçant de la Croix-Rousse, il se présente à M. Linsolas. Ce prêtre éminent avait gardé à Lyon, avec une héroïque fidélité, le poste périlleux que son évêque exilé à Lubeck, Mgr de Marbœuf, lui avait confié. Presque seul, depuis le martyre de M. de Castillon, son collègue, il eut à lutter contre le schisme constitutionnel représenté par Adrien Lamourette, puis par Claude-François-Marie Primat; à consoler les fidèles, témoins attristés des adorations, offertes dans les églises, à Chalier ou à la déesse Raison; à pourvoir à toutes les nécessités de l'administration. Il avait besoin d'auxiliaires intelligents et intrépides. Dettard fut le plus ardent et le plus sûr; il devint bientôt le secrétaire de l'autorité diocésaine et conserva ces fonc-

(1) La loi du 4 septembre 1797 rapporta les lois précédentes du 14 frimaire et du 7 fructidor, qui rappellent les prêtres déportés. Elle investit les Directeurs du pouvoir de déporter, par des arrêtés individuels motivés, les prêtres qui troubleraient la tranquillité publique.

tions jusqu'à l'élévation au siège de Lyon du cardinal Fesch. C'est alors qu'il participa aux travaux des missions, à la visite des confesseurs de la foi dans les prisons ; alors qu'il répandit, au péril de sa vie (1), les instructions épiscopales proscrites par le Directoire ; alors que, malgré les terreurs de son humilité, après avoir fait les études et subi les épreuves du noviciat ecclésiastique, fondé en pleine Terreur (2), par le vaillant vicaire général, il consentit à recevoir de Mgr d'Aviau du Bois-de-Sanzay, en quelques jours, tous les redoutables pouvoirs du sacerdoce. Bénie soit la maison sainte qui abrita l'illustre exilé et qui fut témoin de la consécration éternelle du père de la famille minimoise ! Tous les enfants de Philibert Dettard la connaissent et l'aiment, cette maison qui forme l'angle de la place et du quai de la Charité.

Quelques années encore, et le Concordat rendra la paix à l'Eglise de France. Alors la vocation providentielle de Philibert Dettard commence à se dessiner. Il avait aidé, avant même la pacification religieuse, par l'ouverture d'une chapelle, sous la voûte du collège, à l'exercice public du culte catholique ; puis, lors de l'intronisation de Monseigneur Fesch, il s'était retiré à Saint-Nizier, à titre de prêtre auxiliaire. Il ne pouvait y demeurer inactif. A cette heure et plus tard, il donna tous ses soins à l'érection et à la direction de l'école cléricale, la plus utile et la plus brillante du diocèse.

---

(1) M. Dettard disait souvent, alors qu'il parlait de ces années : « Je portais souvent dans ma poche dix fois plus qu'il ne fallait pour me faire guillotiner sans retard. »

(2) Cette école de théologie, qui a subsisté miraculeusement au milieu de difficultés sans nombre, avait donné au diocèse, de 1794 à 1802, au moins vingt-quatre prêtres ; elle avait quarante séminaristes au moment du Concordat.

De là il partira bientôt pour habiter et sanctifier, fonder et régir chacune des maisons d'éducation de la région lyonnaise : Roche, situé à la limite extrême du Forez et de l'Auvergne, avec sa glorieuse petite école qui eut pour élèves le saint curé d'Ars, Mgr de Charbonnel et bien d'autres prêtres illustres ; — Saint-Galmier, dont l'installation provisoire dans les bâtiments devenus depuis l'hospice de la ville, devait, grâce au zèle entreprenant de Dettard, envoyer de trop nombreux disciples à l'Argentière, dans l'ancien monastère des chanoinesses ; — Saint-Jodard, si ardemment aimé de son fondateur, un héroïque confesseur de la foi ; — Meximieux, avec son collège naissant ; — l'antique école de Leidrade, dont il fut trois ans le supérieur. Partout il laisse le souvenir d'une activité infatigable, d'une intelligence ferme et vigoureuse, d'une volonté puissante, d'une sainteté incomparable.

C'est à l'Argentière qu'il composa le règlement qui a été la loi des Minimes, comme il a été et demeure, en substance, celle de tous les établissements diocésains. C'est là qu'il s'unit par les liens d'une tendre amitié avec M. Recorbet, âme digne de la sienne. Ce cher ami, ce père vénéré avait souffert pour la foi, durant la Terreur ; il devait subir l'emprisonnement et l'exil sous le premier Empire. Tandis que M. Recorbet, enlevé à sa chère communauté, est transporté violemment à Paris pour y être jeté à la Force, les élèves se dispersaient. Philibert Dettard, accablé sous ce coup aussi injuste qu'inattendu, portait dans un autre collège tout le zèle ardent que lui inspirait la jeunesse. Dieu, qui permettait de telles épreuves, en tirait une gloire nouvelle. Si l'Argentière perdait momentanément son chef, la Lorraine recevait un restaurateur de la science théologique dans la personne de l'auguste exilé.

Après l'Empire, M. Recorbet revient à Lyon, y reçoit de Monseigneur d'Amasie les lettres de vicaire général. C'était en 1824. L'année suivante, il expirait entre les bras du fidèle compagnon de ses travaux, du meilleur interprète de ses pensées et de ses sentiments.

Ainsi Philibert Dettard, fortifié par de tels exemples, mûri par une expérience laborieusement acquise, parvenait au moment marqué par la Providence pour accomplir son œuvre. C'est en l'année 1826, après avoir hésité entre le sommet de la colline de Fourvières et le couvent des Minimes, qu'il reçoit ici les soixante élèves de sa première année. Cette institution nouvelle, il voulait qu'elle fût une maison de fortes études et de culture profondément religieuse pour les jeunes gens, destinés à être les modèles de la vie chrétienne dans le monde.

Il est facile de se représenter la scène touchante qu'offrit le premier conseil des maîtres, choisis par Philibert Dettard, pour coopérer à son œuvre. Le respect et l'affection qu'ils éprouvent pour lui, la confiance entière qui remplit leur âme, donnent aux premières paroles de leur supérieur une force irrésistible, l'autorité invariable d'un programme à suivre à tout jamais. Ecoutez les paroles qui sortent des lèvres et du cœur de ce prêtre éducateur : « Elever un homme, le former, quelle tâche sublime ! L'élever chrétiennement, quelle œuvre céleste !... Ce sont les enfants de Dieu qui sont confiés entre nos mains : c'est donc vers Dieu que nous devons diriger leurs cœurs. »

Tel est le principe premier de l'éducation qu'il veut donner ; et, pour y parvenir, il propose quelques moyens pratiques dont voici la simple énumération :

« 1° Rallier toutes les volontés au devoir par la conscience. »

« 2° Former les élèves à des mœurs et manières douces, honnêtes, sociales et pures, à une civilité et politesse toutes chrétiennes. »

« 3° Exciter l'émulation, sans toutefois trop exalter par la louange ni irriter par l'humiliation. »

« 4° Eviter toute partialité. Et s'il est jamais permis d'avoir quelque faiblesse, que ce soit pour les enfants de moindre talent, de naturel plus défectueux, pour les plus tardifs à la vertu. »

Ne voyez-vous pas, mes chers enfants, comme le fondateur des Minimes trahit ici son cœur? Il avait raison de dire à ses élèves qu'il les aimait « *à tort et à travers* », après avoir conseillé à ses collègues une telle ligne de conduite. Vous le comprendriez mieux encore si, au lieu d'une sèche analyse, je pouvais vous lire, dans son texte intégral, le directoire qu'il donne à chacun, suivant ses fonctions spéciales. Tout y est relevé par le sentiment d'un amour vraiment paternel, premier et dernier mot de l'éducation minimoise, ainsi que la concevait Philibert Dettard.

Ce qu'il inspire aux maîtres, il veut le faire goûter aux élèves : « Vous êtes, leur dit-il, l'unique but de nos travaux, et dans l'ardente affection que nous avons pour vous, nous désirerions vous donner non seulement la connaissance de la vérité, mais encore notre propre vie, tant est grand l'amour que nous vous portons. » Alors, entraîné par son imagination, il voit vrai et trace, réel et saisissant, d'une beauté infiniment désirable, le tableau d'un collège où l'affection paternelle des maîtres reçoit comme récompense l'amour respectueux des élèves : « Venez, mes enfants, venez, écoutez-moi... Ici est le bonheur. Ici se vérifiera la parole d'Isaïe. Dieu changera cette maison en un lieu de délices; on y verra la joie et l'allégresse... Cet heureux séjour sera la voie sainte. Un jeune homme perverti n'y demeurera pas, il n'y passera pas même, ou il en sera banni. Ce sera une voie droite qui vous mènera de vertu en vertu. »

Ces paroles prononcées à la rentrée de 1827, donnent à entendre le sens de l'éducation minimoise. Impossible de s'y tromper. Pourquoi ne comprend-on pas partout aujourd'hui, ce que le premier supérieur de cette maison exprimait d'une façon si formelle ?

« Dans une multitude d'écoles, dit-il, une erreur capitale s'est glissée dans l'art d'élever la jeunesse. On a compté l'instruction pour tout et l'éducation pour rien; on a cru, ce semble, que tout était fait pour l'homme, pour la famille, pour la société, lorsqu'on avait initié le premier âge aux langues anciennes et modernes, aux arts, aux sciences naturelles ; on n'a pas assez compris que c'était peu d'éclairer l'intelligence, si l'on ne fortifiait en même temps la volonté ; que les lumières ne sont pas la vertu ; que malgré des connaissances très variées, très étendues, ornement de l'esprit, le cœur peut rester avec toutes ses faiblesses, et qu'il importe surtout de prévenir et d'armer la jeunesse contre les attaques du vice et les passions. C'est dans ce dessein que, tandis que nous vous formerons à l'art de bien dire, de bien écrire, nous tâcherons de vous former à l'art de bien penser et de bien faire. »

Il semble qu'après avoir tenu ce langage ferme et élevé, Philibert Dettard se reproche de ne pas avoir assez laissé parler son cœur.

« Nos enfants, s'écrie-t-il, ne sont pas des esclaves,

mais des fils bien-aimés que Dieu veut à son service. Aussi, votre conduite doit être libre, franche, sincère, **fruit** de votre volonté. Point de contrainte ni de dissimulation. **Dieu veut le cœur. C'est le cœur qui** constitue l'homme, et l'homme ne peut être à Dieu qu'autant qu'il y est par le cœur. »

Et pour les engager à cette conduite toute filiale, il termine par des mots dont le secret est réservé à ceux-là seuls que le cœur inspire et soutient :

« O mes tendres enfants, tendres amis, je vous porte tous dans mon cœur... n'affligez jamais ma vieillesse par des fautes réfléchies..., jamais de fautes qui puissent, tant soit peu, faire de la peine à nos messieurs ; ce serait pour moi le comble de l'affliction, vous le savez... Entrez, si vous le pouvez, dans la profondeur de mon cœur : vous y verrez à découvert un amour vraiment maternel, avec un désir ardent de vous voir des amis chrétiens et vertueux. »

Puis — il ajoute quelques conseils et conclut : « Ainsi faites... Vous ferez ma consolation et mon bonheur, et vous me mettrez dans la douce nécessité d'agrandir encore, si cela est possible, la tendre amitié que j'ai pour vous. »

Et de pareils discours n'étaient pas une vaine parade de mots. Nul ne doutait de l'entière et profonde vérité d'un sentiment si souvent exprimé. Certain étourdi que je pourrais nommer, il ne s'en fâcherait pas, lui disait, en poésie d'humaniste qui se forme, aussi bien que les plus sérieux des vétérans de 1836 :

Pour le pasteur du Séminaire,
Il sera toujours ce qu'il est :
Un père, un père, et rien qu'un père,
N'est-ce pas ainsi qu'il nous plaît?

Oui, le nom de père était bien le sien ; père tendre, mais sans faiblesse, en dépit des reproches qu'il recevait parfois de collaborateurs plus jeunes et plus impatients. Il se laissait dire volontiers : « En voilà encore un, Monsieur le Supérieur, que vous allez nous gâter. » Le bon père prenait l'avis en souriant, mais ne se corrigeait pas.

Ah ! qu'il était respecté et chéri, ce vieillard que rien ne pouvait arracher à sa famille et qui suivait ses enfants au milieu de leurs récréations bruyantes ! C'est là qu'il exerçait une influence irrésistible et jetait dans l'âme d'immortels souvenirs. Le chapelet toujours à la main, ne quittant sa prière favorite que pour partager la joie et les ébats de son cher petit peuple. Ce sont ces souvenirs immortels que retraçait, en 1844, un poète mûri par l'étude et les expériences de la vie, Marc Peyssoneaux :

> Que s'est-il donc passé, depuis ces jours d'enfance,
> Où nous voyions sur nous cette douce puissance,
> Rayon par les vertus, ombre par la douceur,
> Père par la raison et mère par le cœur,
> Aller, venir, pencher sa blanche chevelure
> Sur nos fronts qui montaient à peine à sa ceinture ;
> Attirer par la main de plus petit de nous,
> Tremper sa forte voix dans quelques mots bien doux,
> Et verser sur l'enfant toute cette tendresse ;
> Ou bien, si quelque blâme errait dans son discours
> Par un mot de pardon, le terminer toujours !
> . . . .
> . . . .
> Tout ici dit une douce histoire...
> La tienne... Tout rappelle une sainte mémoire.
> La tienne..... ....
> Tout s'est empreint de ton regard fécond
> Tout cela, père, enfin, est signé de ton nom.

Ici, ton histoire a ses pages complètes.
Tu n'eus que deux séjours : et ton âme et ce lieu ;
Tu n'eus que deux amours : tes enfants et ton Dieu !

. . . .

Bien chers enfants, — vous en jugez, si Philibert
Dettard aimait ses élèves à cœur perdu, il en était
aimé. C'était la vie des Minimes.

Après cela qu'importent les événements ? La publi-
cité n'avait pas alors autant d'organes divers, inter-
prètes souvent si peu fidèles de la vérité. Les révolu-
tions humaines passaient et la paix de la communauté
en était peu troublée.

Un jour cependant l'on trembla. On fit mieux, on
pria.

Le procureur général de Lyon, M. de Courvoisier,
était venu notifier les ordonnances de juin et en exi-
geait l'application immédiate. L'injonction, les me-
naces ne purent ébranler le fondateur des Minimes.
« Je n'ai pas peur, se contenta-t-il de répondre, cette
maison est la maison de la sainte Vierge, je vous l'ai
dit. » La confiance et les prières multipliées eurent
gain de cause. La persécution s'abattit sur d'autres
établissements qui en furent amoindris ou supprimés.
Aux Minimes, une oriflamme suspendue à la voûte
de la chapelle, et plusieurs fois renouvelée depuis,
porta, comme signe et souvenir de victoire, comme
mot d'amour et de reconnaissance, le dernier vœu
de tous les soirs prononcé par les élèves de la maison :
Maria, sine labe Concepta, monstra te esse matrem.

Dans une autre circonstance que n'ont pas oubliée
les Minimois de 1836, l'émoi fut grand aussi, grande
aussi la gloire de Marie. On vous l'a contée sans
doute, cette scène, accomplie dans cette salle de vos

jeux. Elle était alors presque le tout de l'Institution. Divisée en plusieurs étages, elle renfermait les lieux destinés à l'étude aussi bien que les dortoirs. La transformation de l'ancienne église des Minimes s'était faite rapidement et avec trop peu de soins, aux années de la Révolution. Toujours est-il qu'une des poutres maîtresses du dortoir le plus élevé fléchit tout à coup pendant la nuit et, au milieu d'un fracas épouvantable, brisa dans sa chute une partie du lit d'un jeune élève. Impossible d'expliquer humainement la promptitude et le calme, exempts de tout embarras et de toute confusion, avec lesquels on quitta les deux dortoirs menacés. Impossible aussi de comprendre humainement comment avait été préservé le jeune élève dont la poutre, en tombant, avait frappé le lit.

Le lendemain, le P. Dettard montrait aux élèves attendris la statue de Marie dressée à côté du lieu de l'accident qui aurait pu avoir des conséquences si funestes. Marie, protectrice et maîtresse de la maison, se devait à elle-même de garder les personnes qui lui avaient été consacrées. Car le culte de Marie, culte passionné, unique, ou tout au moins absorbant dans le cœur du Père Dettard, avait pris à cette époque et devait prendre encore une place immense dans la liturgie minimoise. Pardonnez-moi ce terme, je ne saurais autrement qualifier cette élévation aux rites les plus solennels de toutes les fêtes de Marie, accomplie par Philibert Dettard, la multiplication des images ou des statues de la sainte Vierge, et jusqu'à cette collégiale du dimanche qui chantait ou psalmodiait le Petit Office. Redirais-je ces mots naïfs, ces élans affectueux, les sages conseils qui attribuaient à Marie la confiance que l'on doit à Dieu ? Ils n'ont pas été trompés, ceux qui ont accepté cette direction d'un saint.

Une dernière circonstance solennelle lui offrit de parler à cœur ouvert de son sujet favori. Au mois de mars 1841, un jeune élève, Georges de Saint-Cyr, était en quelques jours enlevé, par une maladie foudroyante, à ses amis et à sa famille. Il mourait en chantant le refrain minimois du vénérable Grignon de Montfort :

> Je mets ma confiance,
> Vierge, en votre secours,
> Servez-moi de défense,
> Prenez soin de mes jours.
> Et quand ma dernière heure.......

Elle vint à ce moment, et Marie, sans doute, exauça la prière d'une foi aussi ardente. Bientôt après, la famille fit élever une statue colossale de Marie, celle que vous connaissez. La communauté gravit lentement les pentes qui conduisent au sommet de l'enclos. Le Père Dettard suivait avec peine ; mais, malgré la fatigue, il laissait rayonner la joie qui bientôt éclata avec ces paroles, son adieu à ses enfants, — son testament de cœur :

« Depuis longtemps je désirais ardemment de voir la statue de la très sainte Vierge bénie, dédiée, consacrée, élevée, exaltée sur tout le territoire de son domaine. Aujourd'hui... tout va s'exécuter selon nos désirs. C'est pour lors que cette montagne sera véritablement la montagne sainte..... Aujourd'hui, et pour la dernière fois de ma vie, j'ai voulu vous manifester, vous renouveler publiquement, hautement, sur le lieu le plus élevé de cette ville, à la face de la très sainte Mère de mon Dieu, toute la tendresse de l'amour que je vous ai voué. Je proteste donc ici que je vous aime tous sans distinction, à tort et à travers, à la vie et à la mort..... Je renouvelle dans toute la ferveur de mon cœur, pour la dernière fois, à la très sainte Vierge la consécration que j'ai faite de vos personnes, de tous les élèves de la maison, anciens, présents et à venir, au premier jour que nous sommes entrés dans sa maison. »

Tels ont été les derniers accents de cette voix vibrante, les dernières pensées de son cœur. Il laissa, en mourant bientôt après, des exemples inoubliables. Le trésor, plusieurs fois amassé, aussi souvent dissipé, des cent écus qu'il jugeait suffisants à l'honneur de ses funérailles, ne fut pas trouvé intact. Les pauvres avaient passé par là. Sur le drap mortuaire on dut placer les insignes du plus humble prêtre, car Philibert Dettard avait refusé, l'un après l'autre, le camail de chanoine de Belley et celui de Lyon. Il ne voulait pas être distingué de ses plus jeunes collègues.

Ce qu'il laissa encore, vous le savez bien, Monsieur le Président de l'Association fraternelle des Minimes (1), (vous l'avez raconté en termes émus, il y a déjà de nombreuses années), il laissa, à tous les déshérités de la fortune, des amis et des pères. C'est en la compagnie et sous la direction de nobles cœurs qu'il vous a fait connaître, c'est là qu'a débuté une longue vie, la vôtre, vie d'honneur, de dévouement, de bienfaisance, large jusqu'à la prodigalité. Veuillez, Monsieur le Président, me permettre d'applaudir à ce passé lointain, de célébrer cet apprentissage de la charité inventé par le cœur du Père Dettard, d'y saluer l'aurore de la conférence de Saint-Vincent de Paul qui subsiste dans l'Institution, à l'immortel honneur de son premier maître.

(1) M. Romain Demoustier.

Et vous, Monsieur le Vicaire général, vous apparte-
nez aussi à la famille minimoise, nous en sommes
tous heureux et fiers. Vous avez plusieurs fois rappelé
avec une émotion communicative vos anciens souvenirs, et votre voix a été pour nos élèves actuels un écho
fidèle des leçons du passé. En terminant cette impar-
faite esquisse, vous m'autorisez, j'en suis certain, à
exprimer mon vœu le plus cher. Retracer l'idéal de
Philibert Dettard, unir à une culture intellectuelle
profonde et achevée, la science de la vertu, rallier
tous les cœurs à une affection familiale, c'est ce que je
désire, c'est ce que vous m'aiderez à faire, pour le
bonheur de ces chers enfants, pour la joie de l'Église,
pour le salut de la France !

LYON. — IMPRIMERIE VITTE ET PERRUSSEL, RUE CONDÉ, 30.